As famílias se organizam em busca da sobrevivência

Período tribal

Coleção Bíblia em Comunidade

PRIMEIRA SÉRIE – VISÃO GLOBAL DA BÍBLIA

1. Bíblia, comunicação entre Deus e o povo – Informações gerais
2. Terras bíblicas: encontro de Deus com a humanidade – Terra do povo da Bíblia
3. O povo da Bíblia narra suas origens – Formação do povo
4. As famílias se organizam em busca da sobrevivência – Período tribal
5. O alto preço da prosperidade – Monarquia unida em Israel
6. Em busca de vida, o povo muda a história – Reino de Israel
7. Entre a fé e a fraqueza – Reino de Judá
8. Deus também estava lá – Exílio na Babilônia
9. A comunidade renasce ao redor da Palavra – Período persa
10. Fé bíblica: uma chama brilha no vendaval – Período greco-helenista
11. Sabedoria na resistência – Período romano
12. O eterno entra na história – A terra de Israel no tempo de Jesus
13. A fé nasce e é vivida em comunidade – Comunidades cristãs na terra de Israel
14. Em Jesus, Deus comunica-se com o povo – Comunidades cristãs na diáspora
15. Caminhamos na história de Deus – Comunidades cristãs e sua organização

SEGUNDA SÉRIE – TEOLOGIAS BÍBLICAS

1. Deus ouve o clamor do povo (Teologia do êxodo)
2. Vós sereis o meu povo e eu serei o vosso Deus (Teologia da aliança)
3. Iniciativa de Deus e corresponsabilidade humana (Teologia da graça)
4. O Senhor está neste lugar e eu não sabia (Teologia da presença)
5. Profetas e profetisas na Bíblia (Teologia profética)
6. O Sentido oblativo da vida (Teologia sacerdotal)
7. Faça de sua casa um lugar de encontro de sábios (Teologia sapiencial)
8. Grava-me como selo sobre teu coração (Teologia bíblica feminista)
9. Teologia rabínica (em preparação)
10. Paulo, apóstolo de Jesus Cristo pela vontade de Deus (Teologia paulina)
11. Compaixão, cruz e esperança (Teologia de Marcos)
12. Lucas e Atos: uma teologia da história (Teologia lucana)
13. Ide e fazei discípulos meus todos os povos (Teologia de Mateus)
14. Teologia joanina (em preparação)
15. Eis que faço novas todas as coisas (Teologia apocalíptica)
16. As origens apócrifas do cristianismo (Teologia apócrifa)
17. Teologia da Comunicação (em preparação)
18. Minha alma tem sede de Deus (Teologia da espiritualidade bíblica)

TERCEIRA SÉRIE – BÍBLIA COMO LITERATURA

1. Bíblia e Linguagem: contribuições dos estudos literários (em preparação)
2. Introdução às formas literárias no Primeiro Testamento (em preparação)
3. Introdução às formas literárias no Segundo Testamento (em preparação)
4. Introdução ao estudo das Leis na Bíblia
5. Introdução à análise poética de textos bíblicos
6. Introdução à Exegese patrística na Bíblia (em preparação)
7. Método histórico-crítico (em preparação)
8. Análise narrativa da Bíblia
9. Método retórico e outras abordagens (em preparação)

QUARTA SÉRIE – RECURSOS PEDAGÓGICOS

1. O estudo da Bíblia em dinâmicas – Aprofundamento da Visão Global da Bíblia
2. Aprofundamento das teologias bíblicas (em preparação)
3. Aprofundamento da Bíblia como Literatura (em preparação)
4. Pedagogia bíblica
   4.1. Primeira infância: E Deus viu que tudo era bom
   4.2. Segundo Infância (em preparação)
   4.3. Pré-adolescência (em preparação)
   4.4. Adolescência (em preparação)
   4.5. Juventude (em preparação)
5. Modelo de ajuda (em preparação)
6. Mapas e temas bíblicos (em preparação)
7. Metodologia de estudo e pesquisa (em preparação)

Serviço de Animação Bíblica - SAB

As famílias se organizam em busca da sobrevivência

Período tribal
(Aprox. 1220-1030 a.E.C.)

Dados Internacionais de Catalogação na Publicação (CIP)
(Câmara Brasileira do Livro, SP, Brasil)

As famílias se organizam em busca da sobrevivência : período tribal (1220-1030 a.e.C.) / elaboração de texto Romi Auth, Equipe do SAB ; ilustrações Roberto Melo. – 8. ed. – São Paulo : Paulinas, 2012. – (Coleção Bíblia em comunidade. Série visão global ; v. 4)

ISBN 978-85-356-3185-2

1. Bíblia - Estudo e ensino   2. Bíblia - História   3. Doze tribos de Israel   4. Israel - História   5. Povo de Deus - Ensino bíblico   I. Auth, Romi.   II. Serviço de Animação Bíblica - SAB.   III. Melo, Roberto.   IV. Série.

12-05350   CDD-220.95

Índice para catálogo sistemático:
1. Povo de Deus : Bíblia : História   220.95

Revisado conforme a nova ortografia.

Elaboração do texto:	*Romi Auth, fsp, e Equipe do SAB*
Assessores bíblicos:	*Jacil Rodrigues de Brito, José Raimundo Oliva, Paulo Sérgio Soares, Valmor da Silva*
Cartografia:	*Prof. Dr. José Flávio Morais Castro, do Departamento de Planejamento Territorial e Geoprocessamento do Igce – unesp*
Metodologia:	*Maria Inês Carniato*
Ilustrações:	*Roberto Melo*
Citações bíblicas:	*Bíblia de Jerusalém, São Paulo, Paulus, 1985*

Gratidão especial às pessoas que colaboraram, com suas experiências, sugestões e críticas, para a elaboração e apresentação final do projeto "Bíblia em comunidade" na forma de livro e transparências para retroprojetor.

8ª edição – 2012
5ª reimpressão – 2019

SAB – Serviço de Animação Bíblica

Av. Afonso Pena, 2142 – Bairro Funcionários
30130-007 – Belo Horizonte – MG
Tel.: (31) 3269-3737
Fax: (31) 3269-3729
E-mail: sab@paulinas.com.br

Paulinas

Rua Dona Inácia Uchoa, 62
04110-020 – São Paulo – SP (Brasil)
Tel.: (11) 2125-3500
http://www.paulinas.com.br – editora@paulinas.com.br
Telemarketing e SAC: 0800-7010081

© Pia Sociedade Filhas de São Paulo – São Paulo, 2001

Sumário

APRESENTAÇÃO 7

METODOLOGIA 9
   Motivação 9
   Sintonia integral com a Bíblia 9
   Pressupostos da metodologia integral 10
   Recursos metodológicos 11
   Roteiro para o estudo dos temas 12
   Cursos de capacitação de agentes para a pastoral bíblica 12

INTRODUÇÃO 13

1º TEMA – AS FAMÍLIAS SE ORGANIZAM EM BUSCA DA SOBREVIVÊNCIA 15
   Retomando o caminho feito 16
   No Brasil, os grupos étnicos também criaram sua forma de organização 17
   Roteiro para o estudo do tema 24

2º TEMA – TRIBOS DE ISRAEL: FILHOS E HERDEIROS DA FÉ 25
   As tribos de Israel 26
   Roteiro para o estudo do tema 39

3º TEMA – JUÍZES: LÍDERES SENSÍVEIS A DEUS E AO POVO 41
   Juízes na Bíblia: líderes libertadores escolhidos por Deus 42
   Juízes: período pré-estatal, liberdade frágil 43
   Roteiro para o estudo do tema 49

4º TEMA – DEUS TRANSFORMA AS LUTAS DO POVO EM PALAVRA DE VIDA 51
   Os primeiros escritos bíblicos 52
   Textos bíblicos sobre o período tribal 53
   Conclusão: apesar das dificuldades, o povo descobriu Deus na história 55
   Roteiro para o estudo do tema 58

SUBSÍDIOS DE APOIO 59

Apresentação

Os volumes da coleção "Bíblia em comunidade" têm o objetivo de acompanhar os que desejam entrar em comunicação e comunhão com Deus por meio da Bíblia, trazendo-a para o centro de sua vida e da comunidade.

Muitas pessoas — e talvez você — têm a Bíblia e a colocam num lugar de destaque em sua casa; outras fazem dela o livro de cabeceira; outras, ainda, a leem engajadas na caminhada de fé de sua Igreja, seguindo sua orientação. Muitas, ao lê-la, sentem dificuldade de entendê-la e a consideram misteriosa, complicada, difícil. Algumas das passagens bíblicas até despertam medo. Por isso, a leitura, o estudo, a reflexão, a partilha e a oração ajudam a despertar maior interesse nas pessoas; na leitura diária elas descobrem a Palavra como força que as leva a ver a realidade com olhos novos e a transformá-la. O conhecimento, a libertação, o amor, a oração e a vida nova que percebem ao longo da caminhada são realizações de Deus com sua presença e ação.

Esta coleção oferece um estudo progressivo em quatro séries. A primeira, "Visão global", traz as grandes etapas da história do povo da Bíblia: a terra, a região, a cultura, os personagens, as narrativas que falam de sua relação de amor com Deus. À medida que conhecemos a origem e a história do povo, percebemos que a Bíblia retrata a experiência de pessoas como nós, que descobriram a presença de Deus no cotidiano de sua vida e no da comunidade, e assim deram novo sentido aos acontecimentos e à história.

"Teologias bíblicas" são o assunto da segunda série, que estuda aquilo que o povo da Bíblia considerou essencial em sua comunicação com Deus. As grandes experiências de fé foram sempre contadas, revividas e celebradas nos momentos mais importantes da história e ao longo das gerações. O povo foi entendendo progressivamente quem era Deus na multiplicidade de suas manifestações, especialmente nas situações difíceis de sua história.

O título da terceira série é "Bíblia como literatura". Nela são retomados os textos bíblicos de épocas, lugares, contextos sociais, culturais e religiosos diferentes. Vamos estudar, por meio dos diversos gêneros literários, a mensagem, a interpretação e o sentido que eles tiveram para o povo da Bíblia e que nós podemos descobrir hoje. Cada um deles expressa, de forma literária e orante, a experiência de fé que o povo fez em determinadas situações concretas. Os tempos de hoje têm muitas semelhanças com os tempos bíblicos. Embora não possamos transpor as situações do presente para as da época bíblica, pois os tempos são outros, o conhecimento da situação em que os escritos nasceram ajuda-nos a reler a nossa realidade com os mesmos olhos de fé.

Por fim, a quarta série, "Recursos Pedagógicos", traz ferramentas metodológicas importantes para auxiliar no estudo e aprofundamento do conteúdo que é oferecido nas três séries: Visão Global da Bíblia, Teologias Bíblicas e Bíblia como Literatura. Esta série ajuda, igualmente, na aplicação de uma Metodologia de Estudo e Pesquisa da Bíblia; na Pedagogia Bíblica usada para trabalhar a Bíblia com crianças, pré-adolescentes, adolescentes e jovens; na Relação de Ajuda para desenvolver as habilidades de multiplicador e multiplicadora da Palavra, no meio onde vive e atua.

A coleção "Bíblia em comunidade" quer acompanhar você na aventura de abrir, ler e conhecer a Bíblia, e, por meio dela, encontrar-se com o Deus Vivo. Ele continua, hoje, sua comunicação em nossa história e com cada um(a) de nós. Mas, para conhecê-lo profundamente, é preciso deixar que a luz que nasce da Bíblia ilumine o contexto de nossa vida e de nossa comunidade.

Este e os demais subsídios da coleção "Bíblia em comunidade" foram pensados e preparados para pessoas e grupos interessados em fazer a experiência da revelação de Deus na história e acompanhar outras pessoas nessa caminhada. O importante neste estudo é perceber a vida que se reflete nos textos bíblicos, os quais foram vida para nossos antepassados e podem ser vida para nós. Sendo assim, as ciências, a pesquisa, a reflexão sobre a história, os fatos podem nos ajudar a não cair numa leitura fundamentalista, libertando-nos de todos os "ismos" — fundamentalismos, fanatismos, literalismos, proselitismos, exclusivismos, egoísmos... — e colocando-nos numa posição de abertura ao inesgotável tesouro de nossas tradições milenares. A mensagem bíblica é vida, e nossa intenção primeira é evidenciar, ajudar a tornar possível essa vida.

Vamos juntos fazer esta caminhada!

Equipe do SAB

Metodologia

Para facilitar a compreensão e a assimilação da mensagem, a coleção "Bíblia em comunidade" segue uma metodologia integral, que descrevemos a seguir.

Motivação

"Tira as sandálias", diz Deus a Moisés, quando o chama para conversar (Ex 3,5). Aproximar-se da Bíblia de pés descalços, como as crianças gostam de andar, é entrar nela e senti-la com todo o ser, permitindo que Deus envolva nossa capacidade de compreender, sentir, amar e agir.

Para entrar em contato com o Deus da Bíblia, é indispensável "tornar-se" criança. É preciso "tirar as sandálias", despojar-se do supérfluo e sentir-se totalmente pessoa, chamada por Deus pelo nome, para se aproximar dele, reconhecê-lo como nosso *Go'el*, nosso Resgatador, e ouvi-lo falar em linguagem humana. A comunicação humana é anterior aos idiomas e às culturas. Para se comunicar, todo ser humano utiliza, ainda que inconscientemente, a linguagem simbólica que traz dentro de si, a qual independe de idade, cultura, condição social, gênero ou interesse. É a linguagem chamada primordial, isto é, primeira: a imagem, a cor, o ritmo, a música, o movimento, o gesto, o afeto, enfim, a experiência.

A escrita, a leitura e a reflexão são como as sandálias e o bastão de Moisés: podem ajudar na caminhada até Deus, mas, quando se ouve a voz dele chamando para conversar, não se leva nada. Vai-se só, isto é, sem preconceitos nem resistências: "como criança", de pés descalços.

Sintonia integral com a Bíblia

O estudo da Bíblia exige uma metodologia integral, que envolva não só a inteligência, mas também o coração, a liberdade e a comunidade.

Com a inteligência, pode-se conhecer a experiência do povo da Bíblia:
- descobrir o conteúdo da Bíblia;
- conhecer o processo de sua formação;
- compreender a teologia e a antropologia que ela revela.

Com o coração, é possível reviver essa experiência:
- entrar na história da Bíblia, relendo a história pessoal e a da comunidade à luz de Deus;
- realizar a partilha reverente e afetiva da história;
- deixar que a linguagem humana mais profunda aflore e expresse a vida e a fé.

Com a liberdade, a pessoa pode assumir atitudes novas:
- deixar-se iluminar e transformar pela força da Bíblia;
- viver atitudes libertadoras e transformadoras;
- fazer da própria vida um testemunho da Palavra de Deus.

Com a comunidade, podemos construir o projeto de Deus:
- iluminar as diversas situações da vida;
- compartilhar as lutas e os sonhos do povo;
- comprometer-nos com a transformação da realidade.

Pressupostos da metodologia integral

Quanto aos recursos:
- os que são utilizados com crianças são igualmente eficazes com adultos, desde que estes aceitem "tornar-se crianças";
- incentivam o despojamento, a simplicidade e o resgate dos valores esquecidos na vida da maioria dos adultos. As duas expressões elementares da linguagem humana primordial são imagem-cor, movimento-ritmo. Todo recurso metodológico que partir desses elementos encontra sintonia e pode se tornar eficaz.

Quanto à experiência proposta:
A metodologia integral propõe que o conhecimento seja construído não só por meio do contato com o texto escrito, mas também da atualização da experiência. Para isso é indispensável:
- a memória partilhada e reverente da história, do conhecimento e da experiência de cada um dos participantes;
- o despojamento de preconceitos, a superação de barreiras e o engajamento nas atividades alternativas sugeridas, como encenações, danças, cantos, artes.

Recursos metodológicos

Para que a metodologia integral possa ser utilizada, a coleção "Bíblia em comunidade" propõe os seguintes recursos metodológicos:

a) Livros

Os livros de coleção trazem, além do conteúdo para estudo, as sugestões de metodologia de trabalho com os temas em foco. Podem ser utilizados de várias formas: em comunidade ou em grupo, em família ou individualmente.

1. Partilha comunitária

Pode reunir-se um grupo de pessoas, lideradas por alguém que tenha capacitação para monitorar a construção comunitária da experiência, a partir da proposta dos livros.

2. Herança da fé na família

Os livros podem ser utilizados na família. Adultos, jovens, adolescentes e crianças podem fazer a experiência sistemática de partilha da herança da fé, seguindo a metodologia sugerida nas reuniões, como se faz na catequese familiar.

Na modalidade de estudo em comunidade, em grupo ou em família, existem ainda duas opções:

- *Quando todos possuem o livro*. O conteúdo deve ser lido por todos, antes da reunião; nela se faz o mutirão da memória do que foi lido e o(a) líder coordena a síntese; depois se realiza o roteiro previsto nas sugestões metodológicas para o estudo do tema.
- *Quando só o(a) líder tem o livro*. Fica a cargo do(a) líder a prévia leitura e síntese do conteúdo, que será exposto ao grupo. Passa-se a seguir ao roteiro previsto nas sugestões metodológicas para o estudo do tema.

3. Estudo pessoal dos livros

Embora a coleção dê ênfase ao estudo da Bíblia em comunidade, os livros podem ser utilizados também por pessoas que prefiram conhecê-la e estudá-la individualmente, seguindo os vários temas tratados.

b) Recursos visuais

Para que se realize a metodologia integral, são indispensáveis mapas, painéis e ilustrações, indicados nos roteiros de estudo dos temas, sempre que necessário. Os recursos seguem alguns critérios práticos:
- os mapas se encontram nos livros, para que as pessoas possam colori-los e visualizá-los;
- esses mapas foram reproduzidos em transparências para retroprojetor;
- outros recursos sugeridos nos roteiros podem ser produzidos segundo a criatividade do grupo.

Roteiro para o estudo dos temas

Os encontros para o estudo dos temas seguem um roteiro básico composto de quatro momentos significativos. Cada momento pode ter variantes, como também a sequência dos momentos e os recursos neles usados nem sempre são os mesmos. Os quatro momentos são:

1. *Oração*: conforme a criatividade do grupo.
2. *Mutirão da memória*: para compor a síntese do conteúdo já lido por todos ou para ouvir a exposição feita pelo(a) líder.
3. *Partilha afetiva*: memória e partilha de experiências pessoais que venham ilustrar os temas bíblicos que estão sendo trabalhados.
4. *Sintonia com a Bíblia*: leitura dos textos indicados, diálogo e síntese da experiência de estudar o tema e sua ressonância em nossa realidade. Cabe ao(à) líder mostrar os pontos essenciais do conteúdo. Quanto ao desenvolvimento, pode ser assessorado por equipes: de animação, de espiritualidade, de organização.

Cursos de capacitação de agentes para a pastoral bíblica

O Serviço de Animação Bíblica (SAB) oferece cursos de capacitação de agentes que desejam colaborar na formação bíblica em suas comunidades, paróquias e dioceses. Os cursos oferecem o aprofundamento dos temas a partir da coleção "Bíblia em comunidade" e a realização de atividades que possibilitem uma análise de conteúdos a partir das diversas linguagens de comunicação, como: vídeo, teatro, métodos de leitura bíblica e outros.

Introdução

Este é o quarto volume da série "Visão global". Nele você conhecerá um dos períodos mais importantes da história do povo de Deus na terra de Canaã: o tribal, no qual o povo era governado por um conselho de representantes das famílias que se uniram na mesma fé.

Os quatro temas propostos para o estudo do período tribal evidenciam a grande riqueza da experiência do povo. A terra, os bens, a vida e a fé compartilhadas criaram nessa época a identidade do povo, que depois iria fortalecer-se com a monarquia.

"As famílias se organizam em busca da sobrevivência" é o primeiro tema. Mostra como as tribos foram formadas por grupos de famílias nômades que, para sobreviver, peregrinavam juntas, compartilhando costumes e crenças, e criando uma identidade comum. Da mesma forma o povo brasileiro formou-se de diferentes grupos: nativos, africanos e europeus, além de outros. O anseio pela libertação levou os povos a criar sociedades alternativas, como as reduções e quilombos, no Brasil, e o sistema tribal em Canaã.

O segundo tema, "Tribos de Israel: filhos e herdeiros da fé", mostra como a arte literária da Bíblia leva a compreender o que é essencial na fé. Os relatos criam uma maravilhosa sequência lógica entre os fatos históricos, de modo que todos os membros do povo se sintam filho(a)s e herdeiro(a)s da experiência da fé.

"Juízes: líderes sensíveis a Deus e ao povo" é o terceiro tema. O povo guardou muitas histórias relativas ao período dos juízes. Estes entraram na Bíblia como pessoas consagradas a Deus, capazes de arriscar a vida em defesa do povo, diante dos ataques dos povos vizinhos e das dificuldades que surgiam.

O quarto tema é "Deus transforma as lutas do povo em Palavra de vida". Na verdade é uma análise de alguns textos que são considerados os mais antigos relatos bíblicos escritos e datam da época das tribos.

Ao longo de todo este volume, você verá que o povo descobria a presença de Deus a cada passo, enquanto as famílias, tribos e clãs lutavam para sobreviver. E essa descoberta deu origem à Bíblia. A comunicação de Deus é viva nas páginas da Bíblia, porque nasceu da fé de uma multidão de pessoas.

1º tema
As famílias se organizam em busca da sobrevivência

Israel e Brasil, no período de sua formação como povo, viveram a experiência da vida tribal.

Retomando o caminho feito

No livro anterior, *O povo da Bíblia narra suas origens*, foram considerados os quatro grupos mais importantes que integraram o povo de Israel: o grupo dos pastores, descendentes dos patriarcas; o grupo dos camponeses oprimidos e revoltados, moradores das aldeias das cidades-estados de Canaã; o grupo de Moisés, os fugitivos da escravidão do Egito; e o grupo sinaítico, formado pelos beduínos de Seir. Outros grupos menores, que foram assimilados pelos anteriores, também tiveram parte na origem do povo da Bíblia, o povo de Israel. Quando falamos desses diferentes grupos que se uniram por uma causa comum — a sobrevivência na liberdade em áreas e espaços desocupados —, não podemos ainda falar de um povo constituído segundo o conceito que temos hoje. Podemos falar de famílias ou de grupos de famílias que se uniam em clãs e depois em tribos. Como povo e nação, Israel se constituiu depois, no período da monarquia unida, com Davi e Salomão.

A família, nas origens de Israel, era estruturada a partir do pai, daí o nome "família patriarcal". Ele era o chefe e responsável por todos. Tinha uma ou mais esposas sobre as quais exercia autoridade, bem como sobre filhos solteiros e casados, noras, netos, servos e estrangeiros integrados à família (Gn 17,12-14; 48,8-22). A família do patriarca chamava-se *Bet-Ab* (casa do pai), na língua hebraica. O patriarca tinha direito de vida e morte tanto sobre os membros da família como sobre seus descendentes (Ex 21,7-11; Gn 19,8; 38,24), gozava de plena autoridade jurídica e religiosa, resolvia os problemas que podiam surgir entre os membros e presidia as orações e cerimônias religiosas (Gn 12,7; 33,20).

O clã se constituía de várias famílias que eram ou se consideravam descendentes de ancestrais comuns. Era um grupo intermediário entre a família e a tribo. Não era tão pequeno quanto a família nem tão grande quanto a tribo (Js 7,16-18; 1Sm 10, 20-21). O grupo dos pastores, por exemplo, era constituído de diversos clãs. Cada qual compreendia um grupo de famílias que viajavam juntas e se locomoviam de um lugar a outro em busca de pastagens.

A tribo era uma organização social formada por diversos clãs, agrupados em associações protetoras. Eles se ajudavam nas dificuldades econômicas e se defendiam mutuamente. Também consideravam comum a origem de seus membros, falavam a mesma língua, tinham os mesmos costumes e as mesmas tradições e instituições. Viviam em comunidades sob a orientação de um ou mais chefes. Comparando isso com o que ocorre hoje, a família (*Bet-Ab*) seria constituída por nossos avós, nossos tios, nossos primos em primeiro grau e seus filhos. O clã corresponderia aos nossos tios, avós, irmãos de nossos avós paternos e maternos, e seus descendentes, nossos primos em terceiro, quarto e quinto graus. A tribo corresponderia à união de todas essas famílias, mais os clãs das noras e genros, e suas respectivas famílias.

Nos antigos poemas bíblicos — conhecidos como a "Bênção de Jacó", em Gênesis (Gn 49,1-27), e a "Bênção de Moisés", em Deuteronômio (Dt 33) — fala-se das tribos de Israel. Na "Bênção de Moisés" não aparece o nome de todas as tribos. Falta o da tribo de Simeão. O "Cântico de Débora", bem mais antigo, mostra que as tribos não agiam sempre numa unidade perfeita. Nele não são mencionadas as tribos de Judá e de Simeão (Jz 5), talvez por causa da distância ou porque não tivessem ainda aderido à confederação das tribos.[1] O governo tribal era uma forma mais democrática e descentralizada de organizar o povo. O modo de vida e organização comunitária dessas tribos constituía uma ameaça aos reis das cidades-estados de Canaã e aos faraós do Egito.

No Brasil, os grupos étnicos também criaram sua forma de organização

Quando falamos da formação do povo da Bíblia, recordamos rapidamente a formação do povo brasileiro. Inicialmente, três raças miscigenaram-se: o índio, o branco e o negro.

As tentativas de organização e vida em comum das tribos[2] indígenas e africanas constituíam igualmente uma ameaça e eram uma forma de

---

[1] Monloubou, L. & Du Buit, F. M. Clan, Famiglia, Tribù. In: *Dizionario biblico storico/critico*. Roma, Borla, 1987. pp. 207, 309, 1011-1012. (Ed. brasileira: *Dicionário bíblico universal*, Aparecida/Petrópolis, Santuário/Vozes, 1997.)

[2] Na antropologia atual usa-se falar de povos indígenas, mas nesta coleção continuamos a usar tribos, pela sua analogia com as tribos de Israel e de fácil compreensão ao povo habituado a esta linguagem.

resistir ao sistema escravista de governo, no Brasil Colônia. Quanto ao sistema de vida tribal dos índios e negros, vamos apresentar rapidamente duas formas de organização e resistência: na experiência dos índios, os "aldeamentos ou reduções"; na experiência dos negros, os "quilombos". São realidades mais próximas de nós e de nossa história. São experiências de vida e organização em comunidade que podem nos ajudar a compreender melhor a forma de vida e organização das tribos de Israel. Os ideais e objetivos que sustentavam uns e outros, de um passado distante ou mais próximo, são igualmente sagrados e se assemelham.

Não podemos falar de todas as tribos ou povos indígenas. São muitas. Havia entre elas semelhanças e diferenças no modo de conduzir a vida, nas práticas religiosas, nos costumes e nas tradições. Podemos tomar como referência a tribo dos guaranis, que ocupou uma grande parte do território ao sul de nosso país e participou dos aldeamentos.

Os índios não se submeteram ao trabalho escravo, pois estavam habituados a uma vida muito livre. Caçavam e pescavam para a sobrevivência. O cultivo da terra era muito restrito. Locomoviam-se com facilidade de um lugar a outro em busca de melhores condições de sobrevivência. Quando os portugueses chegaram ao Brasil, tentaram transformar o índio em escravo eficiente para os interesses mercantilistas, mas não alcançaram os resultados esperados. Apelaram então para a África. De lá, os portugueses trouxeram à força milhares de africanos como mão de obra escrava, para trabalhar sobretudo nos engenhos de cana-de-açúcar. A produção era destinada à exportação. Tanto os índios quanto os negros, pouco a pouco, se organizaram cada qual em sua forma de resistência à escravidão. Os índios, em reduções ou aldeamentos; os negros, em quilombos.

Reduções ou aldeamentos: forma de organização e resistência dos índios

No período colonial, o índio via cada vez mais ameaçadas suas tradições, seus costumes, suas terras, suas crenças, seus ritos, enfim, todo o seu mundo material e simbólico. O jeito de o índio resistir à dominação e violência do colonizador era fugir, refugiar-se no álcool e até no homicídio. Pagava um alto preço pela liberdade. Quando era capturado pelos brancos, era escravizado, comercializado, preso, acorrentado, porque devia ser "domesticado". Falava-se em "amansar" os índios, que eram vistos como selvagens, ignorantes, perigosos e violentos.

Para essa tarefa, os colonizadores trouxeram missionários católicos da Europa. Muitos deles não se submeteram a essa tarefa. Entre eles, havia os padres da Companhia de Jesus (os jesuítas), como José de Anchieta e Manoel da Nóbrega. Por iniciativa desses missionários, foram organizadas as aldeias onde moravam tribos inteiras, conhecidas como reduções indígenas ou aldeamentos. Em muitos países da América Latina, havia essa forma de organização dos índios.

Há diferentes leituras e interpretações da formação dos aldeamentos ou reduções indígenas. Para alguns, era uma forma de proteger os "índios cristãos" dos colonizadores,[3] aos quais Nóbrega chamava de "maus cristãos". Para outros, os aldeamentos constituíam uma ameaça à identidade cultural do índio e o tornavam uma presa fácil nos momentos de ataque do inimigo. Para outros, ainda, era uma forma de conseguir recursos para a manutenção dos missionários. Há também os que avaliam essa experiência de forma positiva, como a única forma possível de vida diferente, diante da perseguição e opressão colonial escravista da época. As interpretações são muito divergentes. Talvez a mentalidade paternalista, presente

Planta-base de um aldeamento indígena.

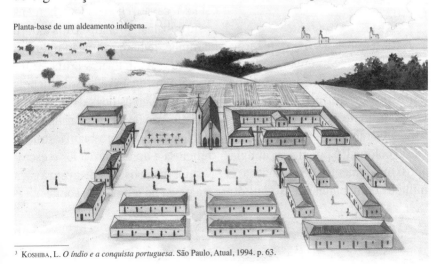

[3] KOSHIBA, L. *O índio e a conquista portuguesa*. São Paulo, Atual, 1994. p. 63.

na Igreja, justificasse a hipótese de proteção e defesa dos índios, não aceita pelo colonizador.

De fato, esse modelo de organização social indígena entrou em conflito com a Coroa portuguesa, que estipulou impostos e passou a ver os jesuítas como uma ameaça a seu poder. A rivalidade entre a Coroa portuguesa e os missionários cresceu a tal ponto que o marquês de Pombal expulsou os jesuítas do Brasil em 1759.[4] A medida não só impediu a continuidade dos aldeamentos indígenas, como os exterminou.

As dificuldades continuam ainda hoje. De proprietários deste imenso país, os índios passaram a ocupar áreas reduzidas, nem sempre delimitadas, entrando em constantes conflitos para defendê-las. (cf. mapa n. 16).

A tribo guarani e a organização social dos aldeamentos jesuíticos

A tribo guarani ocupou grande parte do território do Paraguai, Uruguai, parte do sul do Brasil e Minas Gerais. No princípio da invasão colonial, a população atingia aproximadamente 1,5 milhão a 2 milhões de habitantes.[5] No sul do país, a República Guarani sobreviveu por mais de um século. Seus principais inimigos eram os colonos espanhóis. A República Guarani foi criada pelos padres jesuítas no estilo comunitário e antiescravista, descaracterizando, porém, a organização tribal indígena.

A comunidade controlava a ordem pública, a administração dos armazéns, a justiça e outras áreas. Cada aldeamento era formado por um conselho presidido por um cacique, um comissário administrativo, quatro juízes, um fiscal e quatro conselheiros. Todos esses funcionários eram eleitos pelos índios em assembleias anuais, embora os padres controlassem a lista dos candidatos. A vida dos aldeamentos obedecia a uma rotina diária. De manhã, os sinos tocavam chamando os homens para trabalhar no campo o dia todo; à tardinha, tinham instrução religiosa e militar. As mulheres primeiro recebiam instrução religiosa e depois se dedicavam às lidas domésticas e à confecção de tecidos e roupas. As crianças também recebiam instrução religiosa e aprendiam a ler e escrever. Os meninos se dedicavam à caça e à pesca no tempo que sobrava.[6]

---

[4] Priore, M. D. *Religião e religiosidade no Brasil colonial*. São Paulo, Ática, 1995. p. 18.

[5] Meliá, B. *El Guaraní*: experiencia religiosa. Asunción, Ceaduc-Cepag, 1991. pp. 9-28.

[6] Koshiba, op. cit., p. 63.

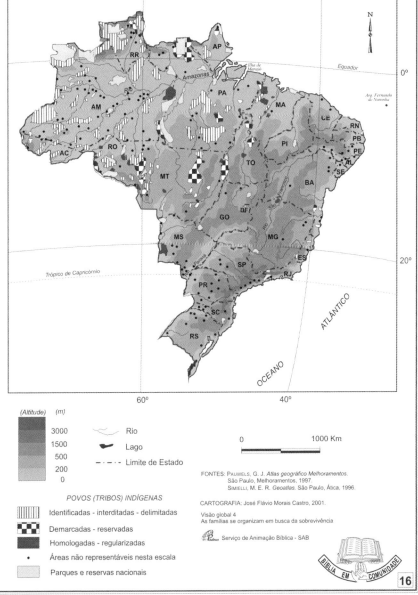

Experiência religiosa da tribo guarani

Os guaranis acreditavam em um só Deus. Buscavam uma Terra sem Males, o lugar onde, conforme sua crença, moram os antepassados. Lá, as roças cresciam sem ser plantadas e não se conhecia a morte. Acreditavam na criação do mundo por um ser superior e prestavam a ele seu culto, por meio de danças rituais,[7] festas, canto, símbolos, mitos, pintura e orações. Com a doutrinação dos missionários católicos, sobretudo nos aldeamentos, os guaranis passaram a assumir a fé cristã, católica.

Sem o apoio da Igreja oficial, como o que os índios receberam dos padres jesuítas, os negros se organizaram numa outra forma de resistência: os quilombos.

Os escravos fugitivos se uniam para preservar a liberdade

Os negros chegaram ao Brasil para substituir a mão de obra dos índios, que não se adequavam aos interesses do colonizador. A solução foi importar habitantes da costa da África. Eles eram capturados na guerra entre tribos e trazidos à força como pagamento de tributos ou troca por produtos diversos.

Nas aldeias africanas da Guiné, Congo Belga e Angola, havia agências do tráfico, onde a população negra era comprada dos próprios chefes locais. Muitos se suicidavam antes de embarcar nos navios, movidos pelo terror. Outros se atiravam ao mar. Os que chegavam ao Brasil eram comprados no porto por pessoas que se tornavam seus proprietários e lhes davam o batismo cristão. Esse batismo é chamado "de água e de fogo", porque as pessoas eram batizadas com o nome de um santo e, logo após, marcadas a ferro em brasa com as iniciais do proprietário. Muitos morriam em consequência dos maus-tratos, do excesso de trabalho, da má alimentação e de outros fatores.

Os negros trabalhavam em diversos setores: nos engenhos da cana-de-açúcar, no plantio do algodão e do café, na extração de minerais. Trabalhavam também em serviços domésticos, artesanato e outros. Não eram tratados como seres humanos, e sim como mercadorias. Isso fez com que muitos negros fugissem ou se suicidassem; outros se organizaram para resistir a esse estilo de vida. Para melhor se proteger das perseguições, os escravos fugitivos

---

[7] Priore, op. cit., pp. 18-20.

acabavam se reunindo em lugares desertos e fundando pequenas comunidades que recebiam o nome de quilombos ou mocambos.

Quilombo dos Palmares: organização de um povo livre

Quilombo é o nome dado ao lugar onde os negros fugitivos se reuniam em pequenos povoados. Um dos povoados mais famosos é o Quilombo dos Palmares, que recebeu esse nome porque ocupava a imensa região de Palmares, situada na serra da Barriga, no Estado de Alagoas. A primeira referência da existência desse quilombo é de 1630. Apesar das inúmeras investidas do governo para destruí-lo, ele resistiu durante 65 anos. Chegou a abrigar mais de 20 mil pessoas.

Zumbi foi o grande chefe dos negros de Palmares. Ele comandava o povo negro nas lutas pela defesa do quilombo. Em razão de sua coragem, inteligência e bravura, sua fama se espalhou por toda a região. Os negros o consideravam invencível. Em 1692, houve um ataque do exército reforçado pelas milícias imperiais de Portugal. O Quilombo dos Palmares foi totalmente destruído na terceira investida. Dois anos depois, Zumbi foi capturado e morto.[8] O sonho de liberdade ficou cada vez mais distante.

Organização social dos quilombos: governo participativo

A população dos quilombos era constituída prioritariamente por negros fugitivos, alguns índios e poucos brancos. Todos conviviam pacificamente. Formavam um modelo alternativo de vida à estrutura social escravista. Organizavam-se dentro do Estado colonial, como uma força de resistência à escravidão. Nas aldeias havia uma organização. Existia o grande chefe, eleito por aclamação da maioria. Ele governava todos e nomeava os ministros e os cabos-de-guerra. Juntos, formavam o conselho-geral. Os ministros, por sua vez, eram servidos por funcionários, que transmitiam suas ordens e recebiam as reclamações. Era uma forma de governo participativo.

A organização dos índios e negros tem muitos pontos em comum com a organização das tribos de Israel, assim como o sistema de governo do homem branco se identifica com o sistema de governo dos faraós do Egito e dos reis das cidades-estados de Canaã.

---

[8] COTRIM, G. *História do Brasil*. São Paulo, Saraiva, 1990. pp. 46-55.

Roteiro para o estudo do tema

1. Oração inicial
Conforme a criatividade do grupo.

2. Mutirão da memória
Compor a síntese do conteúdo já lido por todos no subsídio. Caso as pessoas não tenham o subsídio, ficará a cargo do(a) líder expor a síntese.

3. Partilha afetiva
Em grupos ou em plenário, dialogar:
- Quais as ameaças e opressões que hoje rodeiam nossas famílias?
- Como nos organizamos para enfrentá-las?

Recurso visual
- Encenação: Se possível, cada grupo criará uma rápida encenação sobre as ameaças de hoje ou sobre as formas de organização, apresentando-a aos demais. Se o grupo for pequeno, será feita uma única encenação.

4. Sintonia com a Bíblia
Ler Gn 49,1-27.
O patriarca Jacó abençoa cada um dos filhos.

Diálogo de síntese
- O que significa para nós, hoje, abençoar um filho ou uma filha?
- Que tipo de vida desejamos para nossos filhos e filhas?

Lembrete: para a próxima reunião, trazer um desenho ou foto da casa na qual se passou a infância.

2º tema
Tribos de Israel: filhos e herdeiros da fé

As tribos de Israel, bem antes dos índios e negros, encontraram seu jeito de fugir da opressão.

As tribos de Israel

No Brasil, índios e negros encontraram seu jeito de sobreviver. Fugiram da opressão que os poderosos exerciam sobre eles. Os índios, ajudados pelos missionários jesuítas, encontraram, por algum tempo, sua forma de resistência nos aldeamentos; os negros a encontraram nos quilombos.

E o povo da Bíblia, no período tribal, como se organizou e que jeito encontrou para escapar da opressão dos grandes? Um pouco do contexto histórico da época pode ajudar a entender melhor como a libertação se tornou possível.

Canaã cerca de 1220 a 1030 a.E.C.

Canaã, no século XIII a.E.C., segundo os escritos bíblicos, era habitada por diversas populações muito anteriores aos israelitas: os heteus, gergeseus, amorreus, cananeus, ferezeus, heveus e jebuseus (cf. Dt 7,1; Ex 3,8.17). A região era formada por pequenas cidades-estados servidas pelas aldeias que ficavam ao redor. Isso é possível constatar nas cartas dirigidas ao faraó do Egito, em Tell-el-Amarna. Nesse período, as cidades-estados começaram a se enfraquecer com a disputa pela hegemonia do poder. O Egito perdia cada vez mais o domínio na região. Sofria constantes ameaças dos filisteus situados ao sul de Canaã. Eles chegaram a ocupar várias cidades-estados de Canaã. Tudo isso favoreceu a evasão de pessoas e grupos descontentes com a opressão em que viviam nas aldeias. Esses fugitivos ocuparam sobretudo as montanhas, conforme vimos no estudo anterior sobre a formação do povo.

A sobrevivência dos grupos nas montanhas se tornou possível graças ao ferro, que já era conhecido e muito usado na época e serviu para a fabricação de machados e arados, utilizados no desmatamento e na preparação da terra para a agricultura. A água necessária para a sobrevivência era retida em grandes cisternas revestidas com cal. Isso favoreceu o crescimento de povoados em regiões que, antes, apresentavam dificuldades para a sobrevivência humana.

Talvez não se possa falar, ainda, de uma vida tribal organizada em diferentes grupos, assim como a Bíblia já os apresenta nesse período. Mas podemos considerá-los como o início da vida tribal, que depois se desenvolveu e foi além do ano 1030 a.E.C. De fato, uma das maiores dificuldades de todos os escritos lendários da pré-história de Israel é a cronologia. Os textos foram escritos muito depois de terem sido vividos. O autor bíblico não tinha a preocupação de contar a história tal qual foi vivida, mas de falar da experiência de Deus nas lutas e conquistas do povo.[1]

Há um escrito egípcio, não bíblico, que fala de Israel nesse período. É a estela do faraó Merneptá do Egito (1224-1204 a.E.C.), descoberta em 1895 na cidade de Tebas. O monumento em pedra parece indicar que uma parte da população de Canaã era identificada com Israel e considerada, já na época, rebelde ao sistema de dominação do Egito. Sobre esse monumento em pedra, o faraó mandou esculpir as vitórias de suas campanhas militares contra cidades e povos vizinhos. Ele diz: "Canaã é afligida por todos os males. Ascalon está para ser destruída, Gazer foi tomada, Janoan é como se nunca tivesse existido, Israel está em ruínas, não ficou uma semente".[2]

Israel aparece entre nomes de cidades como Ascalon, Gazer e Janoan. O texto não deixa claro se Israel é nome de cidade ou de um povoado, ou ainda se se refere aos moradores das montanhas. De qualquer forma, trata-se de uma população rebelde ao domínio egípcio em Canaã.

Origem das tribos de Israel — da arte literária surge o essencial: a fé

A Bíblia apresenta as tribos de Israel como descendentes dos 12 filhos de Jacó: Rúben, Simeão, Levi, Judá, Issacar, Zabulon, José, Benjamim, Dã, Neftali, Gad e Aser (Gn 35,22-26). Os nomes de Levi e José não são citados na ocupação do território de Canaã. No lugar deles aparecem os nomes dos dois filhos de José: Efraim e Manassés (Gn 41,50-52), netos de Jacó.

Jacó (*Yaqob*) é apresentado como filho de Isaac e Rebeca, irmão gêmeo de Esaú (Gn 25,19-34) e neto de Abraão, segundo as narrativas bíblicas. Nelas se encontram duas explicações populares para a

---

[1] Soggin, J. A. *Storia d'Israele*. Brescia, Paideia, 1984. pp. 257-272; Gottwald, N. K. *As tribos de Iahweh*: uma sociologia da religião de Israel liberto — 1250-1050 a.C. São Paulo, Paulus, 1986. p. 264.

[2] Monloubou, L. & Du Buit, F. Mernèptah (stele di). In: *Dizionario biblico...*, cit., p. 626.

origem do nome "Jacó". Ao nascer, ele segurou o *calcanhar ('aqeb)* de Esaú (v. 26). Já crescido, *suplantou ('aqab)* o irmão, roubando-lhe o direito de primogenitura e a bênção do pai (Gn 25,33; Os 12,4). A raiz hebraica das palavras "Jacó", "calcanhar" e "suplantar" é a mesma, só mudam as vogais e o seu significado. Há um jogo de palavras, muito comum na língua hebraica, o qual apresenta a vida e o significado que o autor quis dar ao personagem Jacó por meio do nome.

O nome "Jacó" era conhecido dentro e fora de Canaã. Em Canaã, esse nome foi dado a uma fortaleza conquistada por Tutmoses III, do Egito; na Mesopotâmia, foram descobertas tabuinhas com a inscrição desse nome; um dos chefes hicsos também teve esse nome.

O povo de Israel integrou em uma só história familiar a tradição que existia sobre Jacó (Gn 25,19-34; 27,32-33), a qual colocou em evidência a rivalidade entre dois irmãos, sendo um deles preferido pelo pai e o outro, pela mãe. Esaú, o primogênito, era preferido pelo pai, Isaac. O mais novo era preferido pela mãe, Rebeca. Os gêmeos se debatiam no ventre materno (Gn 25,22-23). Jacó sempre aparece como o esperto que engana o irmão (Gn 32,4-22) e Esaú, como o 'ingênuo' que se deixa enganar (Gn 33,1-17).

Por trás da história de Jacó e Esaú parece esconder-se um conflito entre dois tipos de sociedade (Gn 25,23). A sociedade pastoril, seminômade, que lida com os rebanhos de pequeno porte, é identificada com Jacó, um pastor pacífico e hábil. Esaú, o caçador rude, por fim marginalizado, é identificado com a sociedade nômade. Esaú representa Edom; e Jacó, Israel. Os textos de Gênesis (Gn 25,23; 27,27-29.39) parecem confirmar a intenção do autor. Ele está mais preocupado em falar de dois povos ou tipos de sociedade que brigavam entre si do que de dois irmãos. A preocupação do autor era demonstrar que a fraternidade entre os povos e sociedades devia estar acima das disputas entre elas.

Na mesma linha segue o jogo de Jacó com o tio, Labão (Gn 29–31). Entram novamente as relações familiares. Jacó se casa com duas filhas de Labão: Lia e Raquel. A preocupação central da narrativa não parece ser o casamento, mas falar do estatuto que havia em relação às filhas mais velhas que deviam ser dadas em casamento antes das mais novas; outra preocupação da narrativa parece ser a de estabelecer o limite de influência recíproca entre os dois clãs: de Jacó (Israel) e de Labão (arameus).

Por fim, Jacó é colocado em relação com os santuários de Siquém e de Betel, situados na região Central da Terra de Israel. Em Betel, teve um sonho: viu uma escada que ligava o céu com a terra, e anjos que desciam e subiam por ela. Quando Jacó acordou, levantou-se, pegou uma pedra, ergueu-a como estela e ungiu-a (Gn 28,10-22; 35,7-14). Em Siquém, comprou um campo, construiu um altar e o dedicou a "El, Deus de Israel" (Gn 33,19-20). Ainda em Siquém os filhos de Jacó cometeram um ato de violência que parece lembrar as lutas que as tribos travaram para se assentar na região de Canaã (Gn 33,18–34,31).

Nessas narrativas, houve fusão de muitas tradições. O fato de ser dado a Jacó um novo nome, Israel (Gn 32,29; 35,10), parece indicar a fusão de dois clãs, prevalecendo o nome do segundo. Diversas tradições convergem para a unificação em um único clã, apresentando a história do povo da Bíblia na genealogia de uma família, a de Abraão. Nessas narrativas simplificadas há pelo menos a fusão de dois ciclos ou duas tradições — a tradição de Abraão-Isaac e a tradição de Jacó-Israel —, que devem ser muito antigas. A partir delas são relidas as origens do povo da Bíblia como se tudo tivesse começado na história da família de Abraão. Este é apresentado como pai de Isaac (Gn 21,3), e Jacó, como filho de Isaac (Gn 25,26). José e seus 11 irmãos são apresentados como filhos de Jacó (Gn 35,23-26). Os dois filhos de José (Gn 30,25), Efraim e Manassés, em substituição às tribos de Levi e José (Gn 46,8-27), receberam parte do território de Canaã.

As diferentes tradições foram contadas, recontadas e fundidas numa única. No início, porém, deviam existir os diferentes clãs, e em seu meio se destacavam alguns nomes, aos quais foram atribuídos alguns episódios. Estes pouco a pouco são recordados e integrados de forma unificada e simplificada como o início da história do povo da Bíblia.[3]

---

[3] MONLOUBOU, L & DU BUIT, F. M. Giacobbe. In: *Dizionario*..., cit., pp. 438s.

Nome e localização das 12 tribos de Israel: povo e terra, identidade profunda

As tribos se formaram em Canaã, embora seja difícil estabelecer com clareza a época exata, a reconstrução precisa dos acontecimentos que as envolveram e, até mesmo, o nome de cada uma delas. Elas migraram para lugares diferentes e em épocas distintas, recebendo nomes conforme as regiões que ocuparam. Algumas montanhas são conhecidas antes do assentamento das tribos; sem dúvida, deram o nome a seus ocupantes, como a "montanha de Judá", à tribo de Judá (Js 11,21; 20,7; 21,11; 2Cr 27,4), que ocupou o território de Jerusalém até o Negueb. A "montanha de Efraim" deu nome à tribo de Efraim (Js 20,7; 21,21; 1Rs 4,8), situada na região Central da Cisjordânia. As "montanhas de Neftali" nomearam a tribo de Neftali (Js 20,7; 1Rs 4,15), ao norte. Em 1Rs 4,16ss, muitos lugares aparecem como distritos de Salomão; entre eles se encontram dois nomes que correspondem ao de duas tribos de Israel: Aser e Issacar. Outras tribos podem ter herdado o nome de seus ancestrais, como Zabulon, Dã, Rúben, Manassés, Simeão e Gad. Outras ainda herdaram o nome da divindade adorada pela tribo.[4]

O livro de Josué (1–12) apresenta a conquista completa do território, por parte das diferentes tribos, de forma rápida, unitária e muito simplificada. Mas esse mesmo livro, em muitas passagens, fala que as tribos não conseguiram ocupar determinadas áreas, como as planícies, porque nelas havia carros de ferro, utilizados para as guerras, os quais os israelitas não possuíam (Jz 1,19.27-36; Js 16,10; 17,12). A tribo de Judá, por exemplo, ocupou a região Sul, mas não conseguiu expulsar os jebuseus que habitavam Jerusalém (Js 15,63). Assim também a tribo de Efraim não conseguiu expulsar os cananeus que habitavam Gazer, na parte central da terra de Israel (Js 16,10). O mesmo aconteceu com outras tribos (Js 17,11-13). Isso significa que a ocupação da terra não foi completa, unitária e pacífica como foi apresentada nos primeiros capítulos do livro de Josué. Não havia um órgão político centralizado que criasse ou controlasse os diversos grupos que foram ocupando os espaços vazios do território de Canaã. Torna-se compreensível o fato de que a

---
[4] Soggin, op. cit., pp. 257-272; Gottwald, op. cit., p. 264.

ocupação não tenha ocorrido do mesmo modo e ao mesmo tempo por todas as tribos de Israel.

Visão do livro de Josué sobre a ocupação da terra

O processo de ocupação da terra foi complexo e multiforme, pois nesta já tinham acontecido numerosos movimentos históricos. Os israelitas penetraram regiões pouco povoadas. Não há uma documentação em forma de anais. Tudo o que sabemos se compõe de episódios isolados e breves relatos.

No livro de Josué, os fatos referentes à ocupação do país de Canaã pelos israelitas aconteceram de uma vez e de forma militar (cf. mapa da página seguinte). Entraram em Canaã pela Transjordânia e cruzaram o Jordão na altura de Guilgal, conquistando Jericó e Gabaon (Js 1–10), situado entre os montes de Judá e Efraim, ao sul. Avançaram em direção do sul de Judá, ocupando Lebna, Laquis, Eglon, Hebron e seus arredores. Em seguida, avançando para o norte (Js 11–12), a expedição militar chegou até a Galileia, destruindo Hasor e lutando contra os cinco príncipes coligados, junto às águas de Merom (Js 11). O estilo das narrativas sobre a ocupação e conquista do território da Cisjordânia é drástico e legendário (cf. mapa n. 17).

Em Js 13–21, o autor bíblico se ocupa em descrever as regiões e os limites territoriais de cada tribo, ora na forma de uma distribuição bem planejada, ora na forma de um sorteio. Tudo indica que são tradições diferentes. Nos capítulos 22–23, o autor apresenta o fim da missão de Josué e seu último discurso. Uma vez que Josué realizou sua missão e satisfeitas todas as necessidades territoriais das tribos, o autor acrescenta o capítulo 24 para ressaltar o compromisso de todas as tribos com o Senhor, seu Deus.

O autor de Josué quis apresentar uma unidade redacional dos episódios da ocupação da terra; as consequências jurídico-religiosas de sua posse; a delimitação dos territórios das tribos; a doação territorial garantida pelo Senhor com o cumprimento da promessa para todo o Israel. O Senhor possibilitou sua posse a cada uma das tribos por meio da autoridade de Josué que, no fim (Js 24), congrega as tribos em uma unidade confederada.

Grande parte dessas narrativas é legendária e pode ter sua raiz em alguns acontecimentos da época da ocupação da região. As listas das

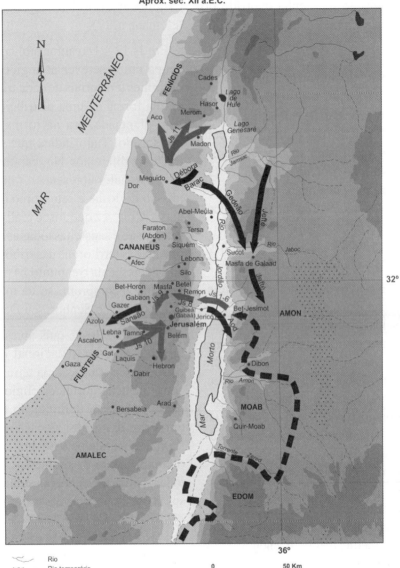

tribos e cidades, como são narradas, correspondem a uma prática administrativa que havia em toda a região, na época do redator. E é bem provável que essa distribuição exata do território e a unidade da posse por parte das tribos resultem de redações que procuram atender a interesses da dinastia davídica.

Livro de Juízes ignora a participação de Josué na ocupação da terra

Juízes narra a ocupação da terra de maneira diferente de Josué e ignora até seu protagonista como aquele que conduziu o processo da ocupação e distribuição do território.[5] O capítulo 1, como uma introdução ao livro, procura fazer um resumo da ocupação. Aqui, as tribos atuam de forma isolada e, em parte, coletivamente:

- Jz 1,1-21 fala das tribos do Sul — Judá e Simeão — e de alguns grupos menores como Caleb, Otoniel, quenitas e outros.
- Jz 1,22-26 faz menção à casa de José, que toma a cidade de Betel de forma traiçoeira.
- Jz 1,27-36 apresenta uma lista de cidades e localidades, afirmando expressamente que os israelitas não puderam ocupá-las porque nelas habitavam os cananeus.

As informações dadas por Juízes são de grande valor histórico[6] e servem de chave de leitura para a história de Israel na terra de Canaã. Entre as cidades das quais os israelitas não puderam tomar posse se encontram as antigas cidades-estados (Jz 1,27), que até a metade do segundo milênio a.E.C. foram fortalezas na mão dos egípcios não só na costa do Mediterrâneo, mas também na parte sul da planície de Meguido (Jz 1,29.35).

A partir de Jz 3,6, encontramos as narrativas da atuação dos juízes, as quais não deixam bem clara a origem desse cargo. Débora era juíza, administrava a justiça (Jz 4,4s.) e defendia Israel contra os cananeus; Jefté julgou Israel e o defendeu contra os amonitas (Jz 12,7); Gedeão o fez contra os madianitas (Jz 6,11-24) etc. Nos casos especiais, as tribos formavam uma coalizão para autodefesa

---

[5] Os versículos de Jz 2,6-10, os únicos que mencionam Josué, integram uma segunda introdução a Juízes. São acréscimos à redação original e consistem em uma repetição da conclusão de Js 24,28-31, com a finalidade de tentar articular os dois livros, procurando estabelecer continuidade entre eles.

[6] HERMANN, S. *Historia de Israel, en la época del Antiguo Testamento*. Salamanca, Sígueme, 1985. pp. 6-150.

e reafirmavam a solidariedade que se prolongava até depois da vitória comum. Isso não significava que elas não tivessem conflitos entre si (Jz 19,1-30).

Localização das tribos na terra de Canaã

As tribos de Israel foram se formando e ocupando gradativamente áreas da Cisjordânia e Transjordânia no país de Canaã. O sul da Cisjordânia foi ocupado pelos grupos que vieram da região de Cades Barne. Eram as tribos de Judá, Simeão e outras menores que posteriormente foram assimiladas pela tribo de Judá, como Caleb, Otoniel e outras. Na parte central da Cisjordânia, se estabeleceram as tribos de Benjamim, Efraim e Manassés. Esses grupos teriam vindo da parte inferior da Transjordânia, das proximidades do rio Jaboc.

Das tribos que ocuparam a parte norte da região da Galileia — Issacar (Gn 49,14; Js 19,17-23), Neftali (Js 20,7), Zabulon (Js 19,10-16) e Aser (Js 19,24-31) — não se conhece a pré-história e sua procedência. Tudo indica que nasceram no contexto de servidão das cidades-estados.

Na Transjordânia, a ocupação deve ter procedido da Cisjordânia. As tribos se estabeleceram nas montanhas e em áreas próximas ao Jaboc e Jarmuc. Na região fronteiriça com os moabitas, estabeleceram-se as tribos de Rúben, mais ao sul. A tribo de Gad e parte da tribo de Manassés, conhecida pelo nome do seu filho, Maquir (cf. Js 13,29-31), ficaram na parte central. E parte da tribo de Dã ocupou o norte. Foi a última tribo a fixar-se à terra. Inicialmente havia ocupado uma parte a oeste de Jerusalém (Jz 1,34; 13–16; 18,2) e depois, sob pressão dos cananeus, teve de ocupar a região ao norte, junto a uma das fontes do Jordão (Jz 18).[7] Cada uma dessas tribos teve sua evolução e trajetória próprias. As tribos se uniram movidas pela necessidade da defesa de seu território e para celebrar juntas a própria fé (cf. mapa n. 18).

Ocupação de Canaã: história lenta de luta e resistência

A ocupação da terra certamente foi um processo lento, progressivo, nem sempre pacífico; não teve início nas planícies, e sim nas montanhas. Sem dúvida deve ter sido feita em estágios sucessivos e de diversas maneiras.

---

[7] METZGER, M. *História de Israel*. São Leopoldo, Sinodal, 1989. pp. 29-55.

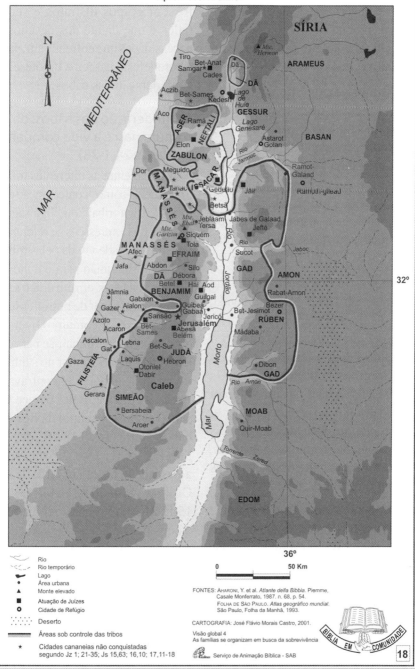

As referências que temos são oriundas da própria Bíblia e se encontram especialmente em Josué, Juízes e Números, como vimos.

Muitos textos bíblicos desses livros indicam que os israelitas não tinham condições para subjugar as cidades cananeias porque elas estavam bem fortificadas, tinham carros de guerra e eram mais fortes (Js 17,18). Outros indicam uma lista de cidades cananeias que não foram conquistadas pelos israelitas (Js 15,63; 17,11-13; Jz 1,21-35).

O elenco das cidades das tribos que aparece em Jz 1,1-2.5, sem dúvida, se refere a um período posterior, o período do rei Salomão, quando o território de seu reino foi dividido em regiões administrativas. Os limites territoriais das tribos foram estabelecidos, no período dos juízes, pelas próprias configurações naturais da geografia, como as montanhas, fontes e rios. Uma descrição mais exata e detalhada dos limites com certeza é posterior a esse período.

As tribos do Norte receberam o nome de Israel (eram chamadas também de casa de José) e as do Sul foram chamadas de Judá. É muito provável que Israel e Judá fossem grupos distintos e separados e que diante dos desafios e necessidades que enfrentaram, para a autodefesa, nasceu a hipótese da confederação das tribos.[8]

Confederação das tribos: da fé comum nasce a vida compartilhada (Js 24,1-28)

A união entre as diferentes tribos é conhecida como "confederação das tribos", "liga tribal" ou "liga sagrada". As três expressões se referem à mesma realidade vivida pelas tribos de Israel: sua união para o culto ao Senhor, seu Deus, em um único santuário e para tratar de outros assuntos de interesse comum. Diversas tribos autônomas uniam-se para celebrar o culto ao Senhor no santuário central, onde se encontrava a Arca da Aliança. Betel parece ter sido o santuário central da liga tribal do Norte (Jz 20,18.26), depois Silo (Jz 18,31; 1Sm 2,14) e, com a destruição desta (Jr 7,12; 26,6), Guilgal (1Sm 10,8; 11,14; 13,4.7; 15,12.21.33). No culto renovavam o cmpenho de fidelidade à Aliança, que consistia na submissão à vontade do Senhor.[9] Os responsáveis de cada tribo deviam marcar presença nas assembleias (Nm 1,5-16). Ne-

---

[8] AHARONI, Y. & AVI-YONAH, M. *Atlante della Bibbia*. Piemme, Casale Monferrato, 1987. pp. 50-57.

[9] GOTTWALD, N. K. *Introdução socioliterária à Bíblia hebraica*. São Paulo, Paulus, 1988. p. 276.

las eram tratadas questões de ordem religiosa, política, problemas internos de cada tribo (Jz 20,1-2) e das tribos entre si. Na ocasião aproveitavam para fazer seus contatos comerciais e o intercâmbio de produtos.

O grande momento confederativo em que se atinge a união entre todas as tribos, caracterizando-as como "Israel" ou "povo de Israel", é a narrativa de Js 24,1-28, conhecida nos estudos bíblicos como Assembleia de Siquém. A tradição bíblica atribui a Josué a convocação das tribos para esse encontro, no qual, após a apresentação do credo histórico, o povo é estimulado a firmar seu compromisso de "servir a Deus e obedecer à sua voz" (Js 24,24).

A compreensão que as tribos tinham da fidelidade à aliança envolvia não só a relação com Deus, mas passava também pelas relações sociais, econômicas, políticas e culturais. Deus era alguém que fazia parte do dia a dia da vida delas.

A aliança e as orientações básicas da relação com Deus e das pessoas entre si encontravam-se no Decálogo, as dez palavras, conhecidas como mandamentos. Estes se tornaram o referencial para avaliar a fidelidade ao Senhor, tanto do povo como dos chefes. Os dez mandamentos eram a verdadeira constituição em defesa da vida em todas as suas dimensões (Ex 20,1-17; cf. Dt 5,1-22). A partir desse núcleo, nasceram posteriormente leis para a aplicação prática do Decálogo (Ex 20,21–24,18; Dt 12–26). No sistema tribal havia a preocupação de viver um ideal diferente daquele imposto pelo sistema dos reis das cidades-estados e dos faraós do Egito. As tribos tentavam viver a partilha, a participação, a justiça, a fraternidade e a liberdade, mas nem sempre era fácil, em um contexto no qual apareciam mil obstáculos, dentro (1Sm 2,12-25) e fora da vida tribal (Jz 4–5).

Quando uma das tribos da liga era ameaçada, as demais eram convocadas em nome do Senhor para se unir em sua defesa. A luta pela autodefesa era considerada uma guerra santa, na qual o Senhor ia à frente para proteger o povo. Ele suscitava pessoas carismáticas, os juízes, para defender-se dos inimigos, pois as tribos sofriam ameaças constantes dos povos vizinhos (Moab, Aram, Amon, Madiã). Mas a maior ameaça vinha dos filisteus.

Eles estavam situados na faixa litorânea ao sul de Canaã. Ocupavam uma área de terra considerável, onde existiam cinco cidades sob seu domínio. Eram militarmente fortes, possuíam carros de guerra e armas de ferro. Controlavam a estrada do mar, que passava por seu território. Na tentativa constante de aumentá-lo, invadiam áreas pertencentes aos israelitas. Em uma dessas investidas chegaram até a se apoderar da Arca da Aliança (1Sm 4,11).

Apesar das diferentes leituras do sistema tribal, este teria aberto caminho para a monarquia e influenciado seu estilo de governo, tendo como referencial de unificação a aliança.[10] Na base da organização das tribos, na fase inicial, estavam os anciãos das tribos e clãs; na fase de consolidação, estavam os juízes. Alguns destes teriam sido funcionários da liga tribal, encarregados de acompanhar os projetos comuns.

---

[10] Soggin, op. cit., p. 261.

Roteiro para o estudo do tema

1. Oração inicial
Conforme a criatividade do grupo.

2. Mutirão de memória
Compor a síntese do conteúdo da segunda reunião: "Tribos de Israel: filhos e herdeiros da experiência da fé", já lido por todos no subsídio. Caso as pessoas não tenham o subsídio, ficará a cargo do(a) líder expor a síntese.

Recurso visual
- Mapa "Territórios das Tribos de Israel" (p. 33).

3. Partilha afetiva
Em grupos ou em plenário, apresentar a foto ou o desenho da casa em que se passou a infância e dialogar:

- Quantas pessoas moravam em minha casa?
- Havia avós, tios e tias, primos e primas?
- Há semelhanças entre nossas famílias e as famílias patriarcais?
- Como são as casas do povo, hoje?
- As pessoas têm espaço para viver e criar os filhos?

4. Sintonia com a Bíblia
Ler Js 1,1-9.
A terra é de Deus. Ele permite que as famílias a habitem e vivam em paz.

Diálogo de síntese
- Há semelhanças entre as lutas das famílias da Bíblia e as lutas do povo, hoje, em busca de espaço para viver, no campo e na cidade?

Lembrete: para a próxima reunião, trazer revistas com fotos de pessoas que consideramos líderes, hoje, no Brasil.

3º tema
Juízes: líderes sensíveis a Deus e ao povo

Os juízes eram suscitados por Deus para a missão de defender o povo ameaçado por seus inimigos.

Juízes na Bíblia: líderes libertadores escolhidos por Deus

A palavra "juiz", na compreensão atual, está ligada às diversas funções que ele exerce na sociedade: juiz de paz, juiz de direito, juiz de menores, juiz de futebol e outros. São funções diversas, mas, em todas elas, o juiz tem o poder de decidir. Será que é nesse sentido que a Bíblia fala dos juízes? Não. Sua função não tem a ver com uma atividade ligada ao fórum. Só uma vez aparece esse sentido em Juízes (Jz 4,4-5), ao falar do tribunal de Débora, no qual ela resolvia os problemas do povo.

A Bíblia não faz distinção entre juízes maiores e menores. Essa forma de classificá-los nasceu posteriormente com base no número de informações que se tem sobre eles por meio do próprio texto bíblico. Os juízes maiores são aqueles cuja história aparece na Bíblia com mais detalhes e informações. Seus nomes: Otoniel, Aod, Débora, Barac, Gedeão, Jefté, Sansão e Samuel. Os juízes menores são brevemente mencionados na Bíblia e alguns na forma de contos estranhos (Jz 10,3-5;12,13-15).

Quase nada conhecemos sobre eles. Seus nomes: Samgar, Tola, Jair, Abesã, Elon e Abdon.

Os juízes maiores, segundo os textos bíblicos, eram suscitados por Deus (Jz 2,16) para salvar os israelitas (Jz 3,31; 6,14) de situações difíceis. Eram líderes carismáticos e libertadores (Jz 3,10; 6,34; 11,29; 14,6.19; 15,4-8). Não recebiam a função por herança nem de modo permanente. Exerciam uma liderança política e militar. "Restabeleciam a ordem" ameaçada em uma ou mais tribos. Eram considerados salvadores do povo (Jz 3,9; 9,17).

A função dos juízes menores parece estar mais ligada à administração da justiça e ao governo da tribo. Alguns textos de Juízes atribuem a eles, de modo geral, uma autoridade sobre todo o Israel (Jz 4,4; 10,2-3; 11,27; 12,7-14; 15,20; 16,31).[1]

Além das atividades militares e políticas, administrativas e de governo, os juízes ajudavam o povo a manter a integridade da fé no Senhor, ameaçada continuamente pelos cultos cananeus (Jz 6,25-32; 1Sm 7,3;

---

[1] MONLOUBOU, L. & DU BUIT, F. M. Giudici. In: *Dizionario...*, cit., pp. 473-474.

Jz 10,6). Samuel constituiu seus filhos como juízes, em seu lugar (1Sm 8,1-3), mas estes foram rejeitados pelos anciãos do povo porque eram gananciosos e injustos. Os anciãos pediram a Samuel um rei que exercesse a justiça sobre eles (1Sm 8,5). No início, Samuel se opôs à ideia da monarquia e defendeu o sistema tribal, porque considerava seu verdadeiro rei o Senhor, e não um homem (1Sm 8,7-22). Mas depois atendeu ao pedido dos anciãos.

Juízes: período pré-estatal, liberdade frágil

As tribos de Israel, como vimos, vieram de diversos lugares e ocuparam a terra de Canaã em épocas diferentes. Não tiveram desde o início um governo e uma organização unitária. Isso talvez tenha ocorrido inicialmente com as tribos do Sul que viviam em torno de Judá e com as tribos da região Central. O segundo assentamento em Canaã se deu em razão da entrada dos povos do mar e dos arameus. Todos eles constituíam uma ameaça a Israel, que teve de adquirir e defender seu território contra os interesses dos vizinhos.

A primeira fase das tribos israelitas estabelecidas em Canaã foi de autoafirmação. Tratava-se de organizar forças para defender o território e resistir ao adversário. As tribos tiveram de se organizar, surgindo então a necessidade de uma autoridade centralizada, mesmo que ocasionalmente. Nasceram novas formas de comunicação, instituições que pudessem garantir uma vida sedentária. Nesse contexto surgiram os juízes, para salvar as tribos e mobilizá-las para rechaçar o inimigo. Restabelecida a segurança e cumprida sua missão, o juiz retornava à família como os demais membros da tribo.

Dois eram os elementos fortes da união entre as tribos e que se evidenciam no "Cântico de Débora": a vinculação ao Senhor e os momentos de perigo. Nos dois elementos transparece a consciência grupal baseada na necessidade de sobrevivência e a motivação religiosa. No "Cântico de Débora" não aparecem as tribos do Sul, talvez em virtude das dificuldades geográficas e da distância. A união entre as tribos do Norte e do Sul foi um processo lento e gradual, que não foi conseguido no período tribal nem no período de Saul, mas só no tempo de Davi.

A passagem da vida tribal para uma nova forma de governo não é fruto de decisões jurídico-administrativas, mas é provocada pelas ameaças vindas de fora. Essas ameaças forçaram as tribos à decisão de nomear um rei. A escolha do rei não é, portanto, consequência de um cuidadoso planejamento, mas da necessidade de haver alguém para proteger e conservar a vida das tribos. A consolidação parcial ou total das tribos não era suficiente para se opor às ameaças externas. Eram necessárias reações rápidas e poder centralizado, o que não existia nesse período. O juiz exercia uma função carismática ocasional e temporária.

No quadro sinóptico que segue, encontramos os nomes dos juízes,[2] sua classificação, citações bíblicas sobre eles, o nome da tribo à qual pertenciam, o número de anos de atuação e os inimigos que enfrentaram para defender as tribos:

Nome	Classificação	Citação	Tribo	Anos de atuação	Inimigos
Otoniel	Maior	Jz 3,7-11	Judá	40	Arameus
Aod	Maior	Jz 3,12-30	Benjamim	80	Moabitas
Samgar	Menor	Jz 3,31	-	-	Filisteus
Débora	Maior	Jz 4–5	Efraim	40	Cananeus
Barac	Maior	Jz 4–5	Neftali	40	Cananeus
Gedeão	Maior	Jz 6–8	Manassés	40	Madianitas
Tola	Menor	Jz 10,1-2	Issacar	23	-
Jair	Menor	Jz 10,3-5	-	22	-
Jefté	Maior	Jz 10,6–12,7	Efraim	6	Filisteus e amonitas
Abesã	Menor	Jz 12,8-10	Judá	7	-
Elon	Menor	Jz 12,11-12	Zabulon	10	-
Abdon	Menor	Jz 12,13-15	Efraim	8	-
Sansão	Maior	Jz 13–16	Dã	20	Filisteus
Samuel	Maior	1Sm 1–25,1 1Sm 8,1	Efraim	"toda a vida" (1Sm 7,15)	-

---

[2] Seguimos a versão da Bíblia de Jerusalém para tradução do nome hebraico dos Juízes, enquanto A Tradução Ecumênica da Bíblia (TEB) faz a transliteração do nome dos Juízes.

O livro dos Juízes termina afirmando que "nesse tempo não havia rei em Israel, e cada um fazia o que lhe parecia correto" (Jz 21,25; cf. 17,6; 18,1; 19,1). Esse texto retrata a visão de um autor que viveu muito tempo depois, por volta de 530 a.E.C., após o exílio da Babilônia. Ele faz a leitura de sua realidade e a projeta para o passado, antes da existência da monarquia em Israel (1030 a.E.C.). Nesse período existiam em Canaã os pequenos reinos das cidades-estados, com as aldeias ao redor deles. Os faraós do Egito até então dominavam a região, mas encontravam a resistência dos grupos que ocupavam as montanhas. Vamos conhecer um pouco melhor o sistema de governo dos reis das cidades-estados de Canaã e dos faraós do Egito, em contraste com o sistema de governo das tribos de Israel. O sistema dos reis e faraós é também conhecido como sistema tributário.

Sistema tributário: a máquina que produz a opressão

Pode-se comparar o sistema tributário com uma máquina formada por muitas e diferentes peças, como, por exemplo, um carro. Juntando cada uma das peças necessárias, tem-se o carro. Ele só funciona quando há uma relação perfeita entre as peças e o combustível.

Quando falamos do sistema tributário dos faraós e dos reis das cidades-estados de Canaã, nos referimos à máquina do governo, na qual há os que fazem leis, os que controlam a observância delas e os que aplicam a justiça sobre aqueles que não as cumprem. O sistema tributário se refere às leis que estabelecem os tributos, as taxas e os impostos que os reis e faraós exigiam de seus subalternos. Muitas leis eram injustas e favoreciam os que estavam a serviço da máquina do governo e os interesses de grupos e minorias que detinham o poder. Desse modo funcionava o sistema tributário dos reis e faraós.

Sistema tribal: serviço em favor de todos

O sistema tribal era de estilo comunitário. Não visava à cobrança de tributos, taxas e impostos como forma de sustentação do poder ou dos interesses de quem estava a seu serviço. Era um benefício em favor de todos. Por isso havia muitos conflitos entre os dois sistemas de governo. Vamos ver como isso funcionava na prática, em todas as áreas da vida humana, dentro do sistema de governo tributário dos reis e faraós, e do sistema tribal.

Sistema de governo dos faraós e reis de Canaã: poder de morte
Sistema de governo das tribos: poder de vida

Existem diversos estudos que analisam a situação de Canaã e do povo no período de 1250 a 1030 a.E.C. Estudam o tipo de sociedade, sistema de trabalho, formas de governo, serviço militar, serviço religioso, sistema de leis. Esses dados revelam o tipo de governo que havia no Egito e nas cidades-estados de Canaã, em contraste com o estilo de governo das tribos de Israel.

	SISTEMA DOS FARAÓS E REIS DE CANAÃ	SISTEMA TRIBAL
Sociedade	A sociedade era dividida em classes. No topo da pirâmide estava o faraó e o rei, donos das terras. Depois vinham os altos funcionários, os notáveis, o exército, os sacerdotes; na base estava a grande maioria, os camponeses (Js 11–12).	A sociedade não era dividida em classes. A base dessa sociedade eram as famílias patriarcais (Nm 1–2; Dt 17,4-20). Baseava-se na organização das famílias em clãs e dos clãs em tribos. Gozavam dos mesmos direitos e tinham os mesmos deveres.
Trabalho	O faraó e os reis exigiam do povo o trabalho forçado. O povo era obrigado a pagar os impostos, vender sua força de trabalho e entregar o excedente das colheitas (Ex 5,6-18).	O trabalho era livre de ônus. Não podiam se apropriar definitivamente da terra (Lv 25,23). Havia a lei do ano sabático e do ano jubilar (Lv 25; Dt 15,1-11), que os redimia das dívidas.
Governo Leis	A forma de governo era centralizada no faraó e no rei. Eles tinham poder absoluto. Consideravam-se donos de tudo (1Sm 8,11-17). A serviço do faraó e dos reis havia um exército estável, que cobrava os impostos e reprimia as rebeliões (1Sm 8,11-12).	A forma de governo era descentralizada. Havia os chefes de famílias que formavam os clãs. Nas assembleias tomavam juntos as decisões (Ex 18,13-37; Js 24; Nm 11,16-25). Não havia um exército permanente. Quando necessário, os homens se uniam voluntariamente sob a lide-

	SISTEMA DOS FARAÓS E REIS DE CANAÃ	SISTEMA TRIBAL
		rança de um juiz para defender o bem comum (Jz 4,6-10).
Deus	As leis eram ditadas pelo faraó e pelos reis. Visavam a seus próprios interesses (Ex 1,8-10.22; 5,6-9).	As leis na vida tribal protegiam a todos. Defendiam a liberdade e a igualdade. Os mandamentos eram as leis que regiam a vida das tribos (Ex 20,1-17).
Religião	Acreditava-se em vários deuses,[3] os quais protegiam os faraós e os reis como seus filhos. Comunicavam a eles sua vontade. Queriam que a sociedade ficasse como estava (1Rs 11,7-8; 1Sm 5,1-12).	Acreditava-se num Deus, o Senhor. Ele não legitimava a opressão. Protegia o povo como Pai e libertava o povo de todas as formas de servidão (Ex 3,1-15; 17,1-7; 22,20-26).
Sacerdotes	O faraó e os reis eram porta-vozes dos deuses. Manifestavam ao povo a vontade deles. Legitimavam a opressão do povo por meio do culto (Js 24,14-15).	O culto era o momento oportuno para celebrar os fatos da vida do povo. Era o momento de as tribos buscarem juntas a vontade de Deus, confrontando a fé com a vida. Essa vontade não estava fixada de antemão por ninguém (Ex 19,1-8; 24,1-11; Js 24,1-28).
	Os sacerdotes dirigiam o culto aos deuses. Eles estavam a serviço do faraó e dos reis. Eram também donos de terras e muito ricos. Eram os intermediários oficiais entre os deuses e o povo (Gn 47,20-22).	Eram os intermediários entre Deus e a comunidade tribal, mas viviam de seu trabalho. Não podiam possuir terra e viviam ao lado dos mais necessitados (Nm 18,20; 35,1-8).[4]

---

[3] O politeísmo admite a crença em vários deuses, enquanto o monoteísmo crê num só Deus; o henoteísmo presta culto a um só Deus, sem excluir a existência de outros; do mesmo modo, a monolatria é a adoração de um só deus, mas admite também a possibilidade da existência de outros deuses.

[4] CRB. *A formação do povo de Deus*. São Paulo, Loyola, 1990. pp. 98ss. (Coleção Tua palavra é vida, 2.)

Há grandes diferenças entre o sistema de governo dos faraós e reis de Canaã e o sistema de governo da vida tribal. Essas diferenças abrangem todas as relações da vida humana: familiar, social, religiosa, econômica, política, cultural. É claro que nem sempre as tribos eram fiéis e coerentes com o ideal que se propunham, mas tinham consciência de que esse era o caminho que podia levar a uma relação de igualdade e justiça entre elas, a uma convivência segundo a vontade de Deus.

Roteiro para o estudo do tema

1. Oração inicial
Conforme a criatividade do grupo.

2. Mutirão da memória
Compor a síntese do conteúdo já lido por todos no subsídio. Caso as pessoas não tenham o subsídio, ficará a cargo do(a) líder expor a síntese.

Recursos visuais
- Fotos das pessoas que consideramos líderes hoje.

3. Partilha afetiva
Em plenário ou em grupos, discutir:

- Quais as características de um bom líder?
- Quais sao os grandes líderes que marcaram a história do Brasil?
- Hoje, onde estão nossas lideranças: na política, na cultura, na Igreja?
- Temos líderes entre nós?

4. Sintonia com a Bíblia
Ler Jz 2,6-19.

Deus se compadecia das fraquezas do povo, e os juízes lideravam a busca da libertação.

Diálogo de síntese
- Quais os ídolos que hoje desviam o povo do projeto de Deus?
- O sistema de governo do Brasil se assemelha mais ao do Egito ou ao das tribos?

Lembrete: para a próxima reunião, trazer por escrito a recordação de um dos fatos que consideramos mais importantes em nossa vida.

4º tema
Deus transforma as lutas do povo em Palavra de vida

No período tribal, as tradições orais se solidificam e surgem os primeiros escritos bíblicos.

Os primeiros escritos bíblicos

É muito provável que no final do período tribal tenham começado a surgir os primeiros escritos da Bíblia. São ainda pequenos textos que foram tocados e retocados no decorrer dos anos e integrados nos livros, dos quais hoje fazem parte. Podemos citar como escritos prováveis da época tribal:

"Cântico de Débora" (Jz 5)

Em Juízes, o "Cântico de Débora" é considerado o texto mais antigo; surgiu por volta de 1200 a.E.C. Ele celebra a vitória do Senhor concedida às tribos, pelas mãos da juíza Débora e do comandante Barac, sobre o exército de Sísara de Haroset-Goim, ao noroeste da planície de Jezrael, por volta do século XII a.E.C.

Decálogo ou Dez Palavras (Ex 20,1-21)

O Decálogo é um texto muito antigo por suas semelhanças com textos legislativos do segundo milênio a.E.C. e por sua forma literária na segunda pessoa do singular, muito semelhante às listas de proibições que regulavam o acesso ao templo nos lugares santos egípcios. Do mesmo modo os hebreus encontraram no Decálogo as condições para sua participação no culto. A Deus deviam fidelidade, rejeitando os deuses pagãos, realizando o culto sem imagens, respeitando o nome de Deus e o sábado. Em relação ao próximo, deviam respeitar os pais e a vida (não matar, não cometer adultério), e evitar o falso testemunho e a concupiscência.

O Decálogo é de fundamental importância para a orientação da vida, das relações com Deus e com os outros. Conhecemos o Decálogo com o nome de Dez Mandamentos.

Código da Aliança (Ex 20,22–23,19)

O Código da Aliança é uma aplicação prática do Decálogo. Traz leis e costumes muito antigos, que retratam a fase inicial da vida tribal, quando ainda havia a orientação dos anciãos, antes dos juízes. Regulava o direito geral e civil (Ex 21,1–22,20), as regras para o culto (Ex 20,22-26; 22,28-31; 23,10-19) e a moral social (Ex 22,21-27; 23,1-9).[1]

Salmos

Alguns salmos parecem retratar esse período (19,2-7; 29; 68; 82; 136). Vamos fazer um exercício lendo esses salmos e lembrando o contexto histórico do período tribal até a confederação das tribos de Israel.

Textos bíblicos sobre o período tribal

A maioria dos textos bíblicos que tratam da época tribal foram escritos posteriormente. Em alguns casos, passaram-se até mais de 600 anos para que alguém escrevesse algumas dessas narrativas. Não é possível estabelecer datas precisas de redação para todos os textos bíblicos. Tentaremos apenas mostrar, a seguir, alguns exemplos de como o período das tribos interessou a muita gente, mesmo tanto tempo depois, particularmente quando nas redações finais foram incluídas nos textos memórias desse período. Essas inclusões ocorrem às vezes em narrativas sobre períodos que antecedem ao próprio período tribal (cf. Dt 31–34).

Textos que tratam da época do governo dos anciãos

O início da vida tribal é lembrado em alguns textos de Deuteronômio, Eclesiástico e Josué. Nesses textos encontramos referências à primeira fase do tribalismo, em que o governo do povo estava distribuído entre os anciãos (chefes de família) e clãs, em cada tribo (cf. Dt 31,28). Os textos aludem à fidelidade à lei e à aliança, aos costumes religiosos, agrícolas e tecnológicos de cada tribo (Deuteronômio), destacam alguns líderes (Eclesiástico) e narram lutas de conquista (Josué).

Em Deuteronômio, os textos que falam sobre esse período estão nos quatro capítulos finais (31–34), os quais formam uma espécie de conclusão geral do conjunto do Pentateuco. Reúnem tradições de origens e épocas diferentes. As características da vida tribal estão inseridas em um contexto de recordação da despedida e morte de Moisés. Foram acrescentados ao Deuteronômio na

---

[1] MONLOUBOU, L. & DU BUIT, F. M. Alleanza. In: *Dizionario*..., cit., pp. 74-75.

última redação do Pentateuco, por volta de 445 a.E.C.

Eclo 46,1-10 apresenta Josué como sucessor de Moisés no ofício profético (v. 1) e fala de Caleb, porque se afeiçoou ao Todo-Poderoso (v. 7).

Em Josué, o autor apresenta a conquista da terra de Canaã, desde os preparativos (1–2); a passagem pelo Jordão (3,1–5,12); a conquista de Jericó (5,13–7,26); a tomada de Hai (8,1-29); o tratado entre Israel e os gabaonitas (9,1-27); a coalizão dos cinco reis amorreus e a conquista do Sul (10,1-43) e do Norte de Canaã (11,1–12,24).

O último discurso de Josué (Js 23) constituía a conclusão da primeira redação do livro. Leia e observe as semelhanças dele com o último discurso de Moisés (Dt 31), a despedida de Samuel (1Sm 12), o testamento de Davi (1Rs 2,1-9) e as últimas palavras de Matatias (1Mc 2,49-68).

A narrativa da assembleia de Siquém (Js 24) deve ter sido acrescentada durante o exílio ou depois deste, mas a tradição a que ela se refere é muito antiga. Josué apresenta às tribos as intervenções do Senhor em favor do povo na experiência do êxodo e em sua revelação no Sinai. Todas as tribos que não fizeram essas experiências assumiram como sua a experiência vivida por algumas. Todas juntas fizeram um pacto de fidelidade ao Senhor, tornando-se o povo escolhido por Deus.

Textos que tratam da fase final, sob o governo dos juízes

Os demais textos sobre o período tribal fazem alusões às regras referentes à guerra santa, à repartição dos despojos, à divisão da Terra Santa e a certos costumes das tribos (Números e Josué), e apresentam as tribos sendo regidas pelos juízes, até o último (Samuel), antes de passarem para o regime monárquico (Juízes). São textos que refletem sobre essa época: Números, Josué e Juízes.

Nm 31–32 apresenta as guerras que as tribos enfrentaram; Nm 33,50-56 e Nm 34 fazem a descrição das fronteiras; Nm 35 fala da parte que coube aos levitas; Nm 36 trata da herança da mulher casada.

Js 13,8-33 retoma Nm 32, acrescentando nomes de lugares, e faz uma descrição das tribos na região da Transjordânia, sem contudo dar suas delimitações; Js 14–17 descreve as fronteiras das três grandes tribos do Centro e Sul da Cisjordânia, e Js 18–19, das tribos do Centro e Norte da Cisjordânia.

Alguns dos territórios descritos nesses capítulos de Josué nunca foram dos israelitas, apesar de constarem no plano de Josué (Js 1,4) e do autor de Números (34,1-12); eram as áreas ocupadas ao sul pelos filisteus, pelos gessuritas (1Sm 27,8) e pelos aveus (Dt 2,23), e ao norte pelos sidônios e pelos fenícios.

Jz 1–18 pode ser dividido em quatro blocos: 1) A primeira introdução (Jz 1-2,5) apresenta a instalação das tribos do Sul. Parece corresponder melhor aos fatos do que o livro de Josué (Js 10). 2) A segunda introdução (Jz 2,6–3,6) fala da morte de Josué, faz uma interpretação religiosa do período dos juízes e justifica a permanência das nações estrangeiras em meio aos israelitas, como castigo e provação da fidelidade ao Senhor. 3) A história dos juízes (Jz 3,7–16,31). 4) Os dois apêndices: Jz 17–18 apresentam a história da fundação do santuário de Dã e da origem de seu sacerdócio; Jz 19–21 traz narrativas sobre guerras na tribo de Benjamim.

*

Conclusão: apesar das dificuldades, o povo descobriu Deus na história

Essas narrativas bíblicas são quase as únicas referências que temos sobre o período tribal. Mas a preocupação dos autores da Bíblia não era contar a história tal qual aconteceu, e sim narrar a presença e a ação de Deus no meio do povo. Por isso, falar sobre esse período é muito difícil, porque na fase inicial da história do povo de Israel o uso da linguagem escrita era extremamente restrito. Quase todos os documentos escritos são muito posteriores ao período tribal. Além disso, são fruto de uma fusão de muitas tradições orais de épocas, contextos e grupos humanos diferentes. O importante para nós não é saber se os fatos aconteceram assim mesmo, mas descobrir a presença de Deus nas lutas do dia a dia, como fez o povo de Israel.

No período de 1220 a 1010 a.E.C., as tradições do passado de Israel eram contadas sobretudo por meio da tradição oral. Conhecemos poucas narrativas que teriam sido escritas nessa época. De uma forma geral, esse período ainda faz parte das tradições orais. O povo passou adiante, de geração em geração, as histórias que eram contadas e, muito mais tarde, registradas e unificadas em uma só história familiar.

Começam com a história de Abraão e seus descendentes (Isaac, Jacó, José e seus 11 irmãos), dos quais teriam nascido as 12 tribos de Israel. Todavia, de fato, muitos grupos de origens, situações e contextos diferentes integraram as tribos e receberam nomes segundo os lugares nos quais se estabeleceram. A uniformidade com que Josué apresenta o assentamento dos grupos não parece corresponder aos fatos.

Há muitas dificuldades para precisar o período histórico das tribos de Israel; a Bíblia e a maioria dos estudiosos o situam nos séculos XII e XI a.E.C., no período pré-monárquico. O importante, porém, é a leitura que o povo da Bíblia fez de sua história, apesar da dificuldade de compreender alguns textos.

Não há dúvidas sobre a existência de grupos marginalizados que se uniram e foram para as montanhas por volta de 1300 a.E.C.; ali receberam diferentes nomes e são identificados com as 12 tribos de Israel. Estas eram governadas pelos juízes suscitados no meio dos grupos, para sua autodefesa, sobretudo nos momentos de perigo. Os grupos tentavam construir um estilo de governo mais democrático e comunitário, em contraste com o sistema tributário dos reis das cidades-estados e dos faraós do Egito. Infelizmente o sistema de vida tribal sobreviveu por apenas 200 anos. Houve problemas internos — corrupção, ganância e idolatria (1Sm 2,12-25) — além de problemas externos, como a ameaça constante dos filisteus na Cisjordânia e dos edomitas, moabitas, amonitas e madianitas na Transjordânia. O motivo mais importante que o autor bíblico dá ao fracasso do sistema tribal é a idolatria (Jz 2,2-23; 3,1-6). O fracasso era visto como castigo de Deus por causa da infidelidade à aliança. O Senhor não era mais a única segurança e força para levar adiante o projeto de igualdade e justiça. As tribos sentiram, então, necessidade de buscar segurança em outra forma de governo: a monarquia.

Linha do tempo: período tribal (1220-1030 a.E.C.)[2]		
Império	Declínio do império egípcio com a morte de Ramsés II	
Ano	1220	
Personagens não bíblicos	Reis cananeus	
Personagens bíblicos		Josué / Juízes
Período	Tribal	
Realidade do povo	Viviam em planícies. Cidades-estados independentes. Servidos pelas aldeias. Leis que os defendem. Exército permanente. Deuses justificadores da exploração: Baal, Astarte, Aserá. Em decadência política e econômica.	Em montes, organizados em clãs. Poder descentralizado, sem reis. Autonomia produtiva, sem impostos. Propriedade coletiva. Leis comunitárias. Deus libertador: YaHWeH. / Vão descendo às planícies. Cresce a organização das tribos. Distribuição comunitária das terras. A terra era um bem coletivo. Guerras ocasionais para autodefesa. YaHWeH, Deus de Israel (Siquém).
Escritos do período		*Primeiros fragmentos escritos* Cântico de Débora: Jz 5; Mandamentos: Ex 20,1-21; Código da Aliança: Ex 20,22–23,19; Sl: 19,2-7; 29; 68; 82; 136.
Escritos sobre o período		Js 1–12; 23–24; Dt 31–34; Eclo 46. / Ex 19–24; 32–34; Nm 31–36; Js 13–19; Jz 1–18.

---

[2] Reproduzido de: "História do povo de Deus: linha do tempo", em *A formação do povo de Deus*, cit., apêndice 5.

Roteiro para o estudo do tema

1. Oração inicial
Conforme a criatividade do grupo.

2. Mutirão da memória
Compor a síntese do conteúdo já lido por todos no subsídio. Caso as pessoas não tenham o subsídio, ficará a cargo do(a) líder expor a síntese.

3. Partilha afetiva
Colocar sobre a mesa todos os textos escritos que foram trazidos, sobre as recordações importantes da vida de cada pessoa do grupo. A seguir, dialogar:
- O que me vem à mente quando vejo juntas estas folhas escritas, formando aqui uma harmonia?
- Há alguma semelhança entre nossos escritos e a formação dos escritos bíblicos?
- Quem desejar poderá relatar ou ler o fato que escreveu, salientando: "Como vi a presença de Deus nesse fato?".

4. Sintonia com a Bíblia
Ler Jz 5,1-31.
Débora e as companheiras cantam a presença de Deus em sua história.

Diálogo de síntese
- Se fôssemos cantar a ação de Deus, hoje, nas lutas do povo, como seria o cântico?

Subsídios de apoio

Bibliografia utilizada

AHARONI, Y.; AVI-YONAH, M. *Atlante della Bibbia*. Pienne: Casale Monferrato. 1987.

COTRIM, G. *História do Brasil*. São Paulo: Saraiva. 1990.

CRB. *A formação do povo de Deus*. São Paulo: Loyola. 1990.

GOTTWALD, N.K. *As tribos de Iahwh:* uma sociologia da religião de Israel liberto – 1250-1050 a.C. São Paulo: Paulus, 1986.

GOTTWALD, N.K. *Introdução socioliterária à Bíblia hebraica*. São Paulo: Paulus. 1988.

HERMANN, S. *Historia de Israel, em La época Del Antiguo Testamento*. Salamanca: Sígueme. 1985.

KOSHIBA, L. *O índio e a conquista portuguesa*. São Paulo: Atual. 1994.

MELIÁ, B. *El Guarani: experiência religiosa*. Assunción: Ceaduc-Cepag. 1991.

METZGER, M. *História de Israel*. São Leopoldo: Sinodal. 1989.

MONLOUBOU, L.; DU BUIT, F.M. *Dizionario bíblico storico/critic*. Roma: Borla. 1987. [Ed. Bras.: *Dicionário bíblico universal*. Aparecida/Petrópolis: Santuário/Vozes. 1997.]

PRIORE, M.D. *Religião e religiosidade no Brasil colonial*. São Paulo: Ática. 1995.

SOGGIN, J.A. *Storia d'Israele*. Brescia: Paideia. 1984.

Bibliografia de apoio

AUTH, Romi; DUQUE, Maria Aparecida. *O estudo da Bíblia em dinâmicas:* aprofundamento da visão global da Bíblia. São Paulo: Paulinas, 2011. pp. 86-104.

BORTOLINE, J. *Conhecer e rezar os Salmos*. São Paulo: Paulus, 2000.

CAZELLES, H. *História política de Israel*: desde as origens. São Paulo: Paulus, 1986. pp. 137-170.

DONNER, H. *História de Israel e dos povos vizinhos*. Santa Maria, Pallotti, 1997. v. 1 e 2, pp. 137-196.

GOTTWALD, N. K. *As tribos de Yahweh*: uma sociologia da religião de Israel liberto – 1250-1050 a.C. São Paulo: Paulus, 1986.

KAEFER, José Ademar; JARSCHEL, Haidi (orgs.). *Dimensões sociais de fé do Antigo Israel*: uma homenagem a Milton Schwantes. São Paulo: Paulinas, 2007.

KESSLER, R. *História social do Antigo Israel*. São Paulo: Paulinas, 2009. pp. 49-79.

THIEL, Winfried. *A sociedade de Israel na época pré-estatal*. São Leopoldo/São Paulo: Sinodal/Paulinas, 1993.

Recursos visuais

CASTRO, J. F. M. *Transparências de mapas e temas bíblicos para retroprojetor*. São Paulo: Paulinas, 2001.

Rua Dona Inácia Uchoa, 62
04110-020 – São Paulo – SP (Brasil)
Tel.: (11) 2125-3500
http://www.paulinas.com.br – editora@paulinas.com.br
Telemarketing e SAC: 0800-7010081